Impressum
Verlag: BABADADA GmbH, Nedderfeld 112 , 22529 Hamburg
Geschäftsführer / Verlagsleitung: Harald Hof
Druck: Books on Demand GmbH, In de Tarpen 42, 22848 Norderstedt

Imprint
Publisher: BABADADA GmbH, Nedderfeld 112 , 22529 Hamburg, Germany
Managing Director / Publishing direction: Harald Hof
Print: Books on Demand GmbH, In de Tarpen 42, 22848 Norderstedt, Germany

škola
学校

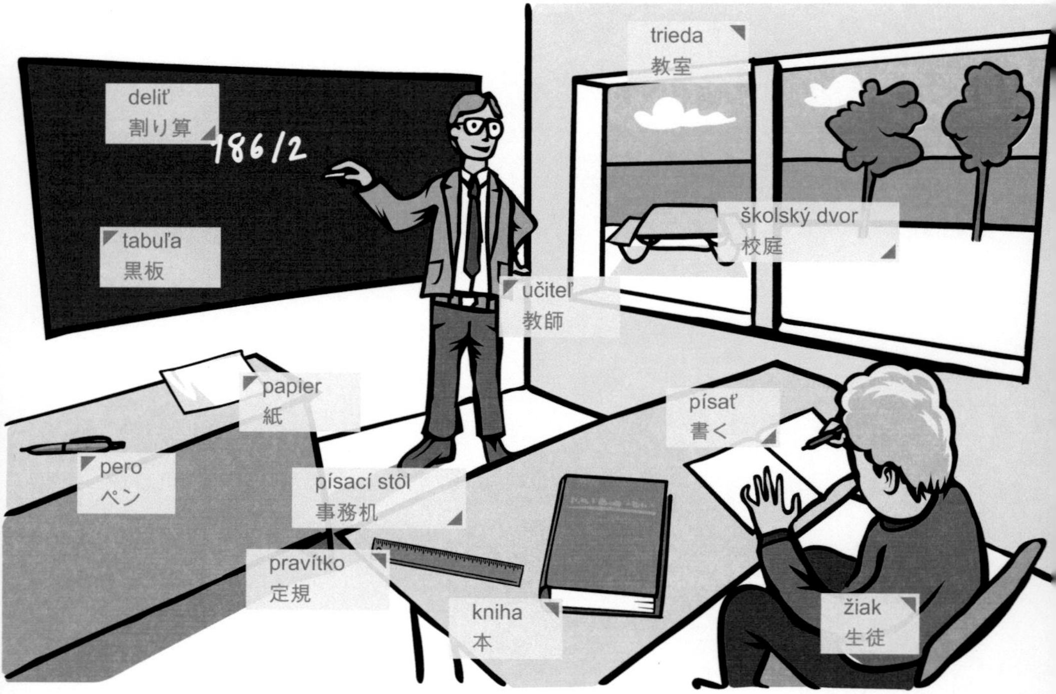
trieda
教室
deliť
割り算
186/2
tabuľa
黒板
školský dvor
校庭
učiteľ
教師
papier
紙
písať
書く
pero
ペン
písací stôl
事務机
pravítko
定規
kniha
本
žiak
生徒

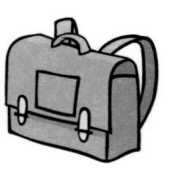

školská taška
ランドセル

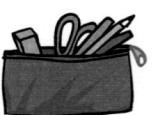

peračník
筆入れ

ceruza
鉛筆

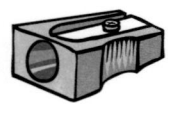

strúhadlo na ceruzky
鉛筆削り

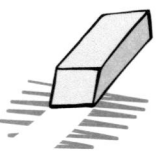

guma
消しゴム

skicár
スケッチブック

kresba

スケッチ

štetec

絵筆

vodové farby

絵の具箱

nožnice

はさみ

lepidlo

接着剤

cvičný zošit

練習帳

domáca úloha

宿題

12

číslo

数

2+2

sčítať

足し算

5-2

odčítať

引き算

2×2

násobiť

かけ算

počítať

計算する

A

písmeno

文字

ABCDEFG
HIJKLMN
OPQRSTU
VWXYZ

abeceda

アルファベット

hello

slovo

単語

text

テキスト

čítať

読む

krieda

チョーク

hodina

授業

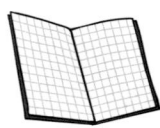

triedna kniha

学級日誌

skúška

試験

certifikát

通知表

školská uniforma

制服

vzdelanie

教育

encyklopédia

百科事典

univerzita

大学

mikroskop

顕微鏡

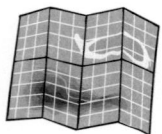

mapa

地図

kôš na papier

ごみ箱

cesta
旅行

hotel
ホテル
Grand
nocľaháreň
ホステル
ROOMS
zmenáreň
両替所
kufor
スーツケース
auto
自動車

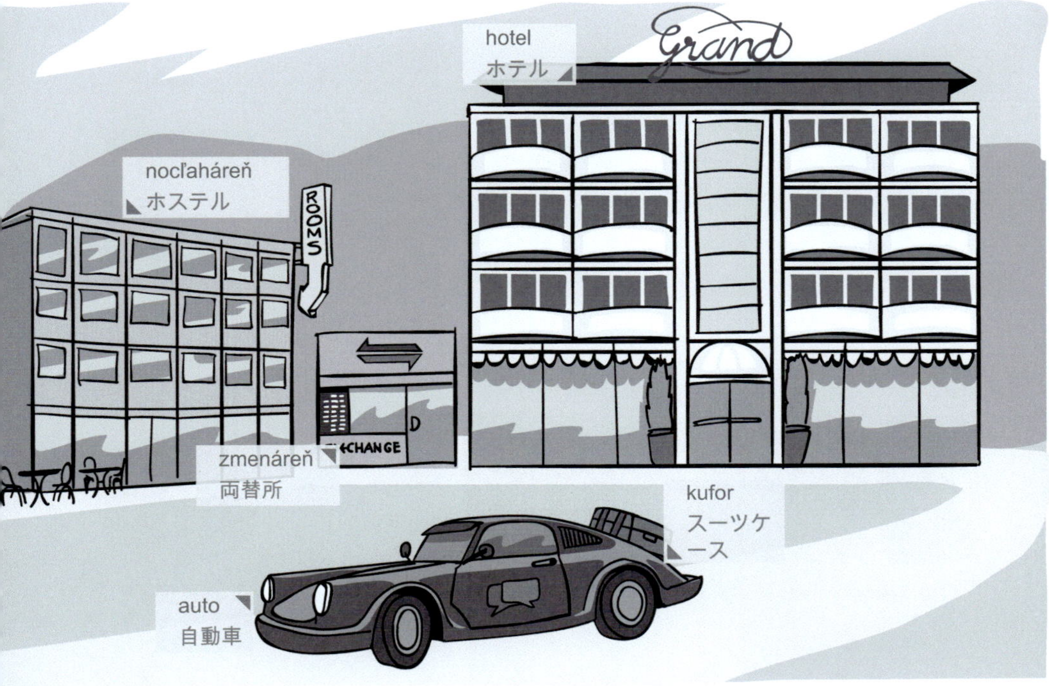

jazyk

言語

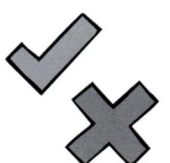

áno/nie

はい / いいえ

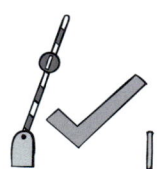

v poriadku

問題ない

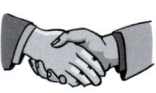

ahoj

ハロー

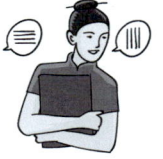

prekladateľ

翻訳者

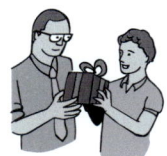

ďakujem

ありがとう

Koľko stojí ... ?

…はいくらですか？

Nerozumiem

わかりません

problém

問題

Dobrý večer!

こんばんは！

Dobré ráno!

おはようございます！

Dobrú noc!

おやすみなさい！

Dovidenia

さようなら

smer

方向

batožina

手荷物

taška

バッグ

batoh

リュックサック

hosť

お客様

izba

部屋

spacák

寝袋

stan

テント

cesta - 旅行

informácie pre turistov

旅行者情報

pláž

ビーチ

kreditná karta

クレジットカード

raňajky

朝食

obed

昼食

večera

夕食

cestovný lístok

チケット

výťah

エレベーター

poštová známka

スタンプ

hranica

境界

clo

税関

veľvyslanectvo

大使館

vízum

ビザ

cestovný pas

パスポート

doprava
輸送

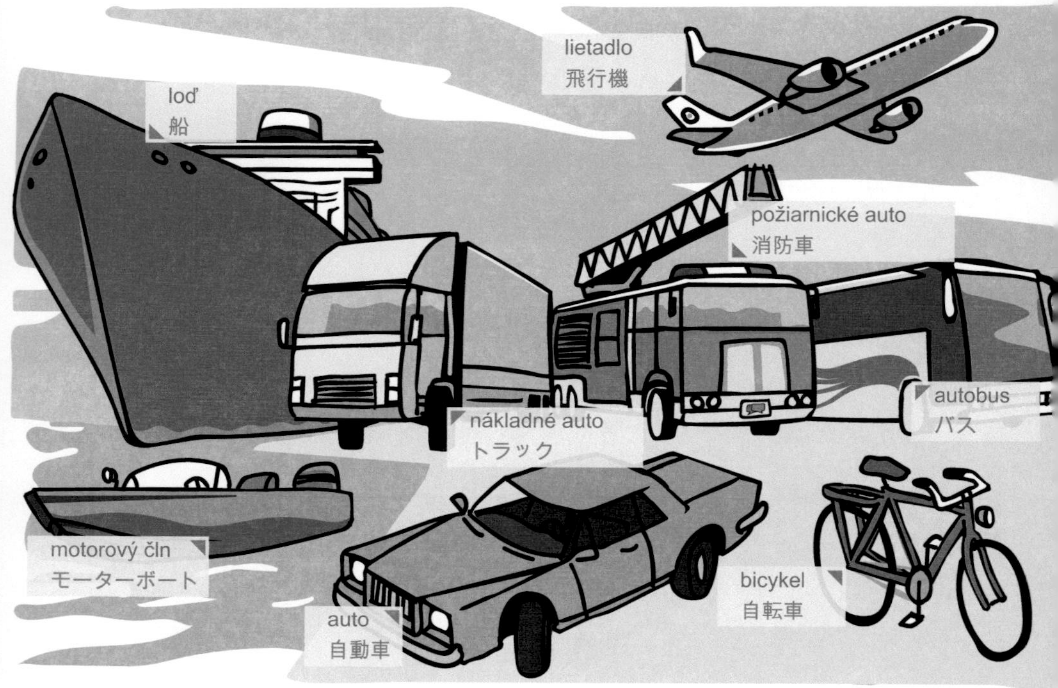
lietadlo
飛行機
loď
船
požiarnické auto
消防車
autobus
バス
nákladné auto
トラック
motorový čln
モーターボート
bicykel
自転車
auto
自動車

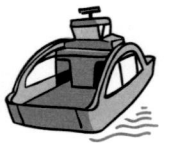

trajekt
フェリー

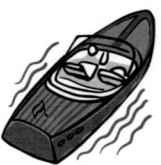

loď
ボート

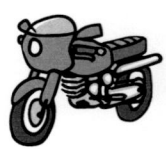

motorka
バイク

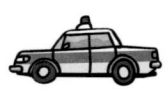

policajné auto
パトカー

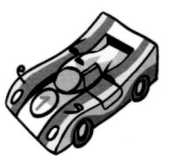

pretekárske auto
レーシングカー

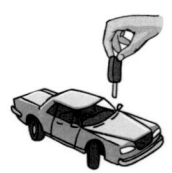

vozidlo z požičovne
レンタカー

carsharing

カーシェアリング

odťahové auto

レッカー車

smetiarske auto

ごみ収集車

motor

モーター

benzín

燃料

čerpacia stanica

ガソリンスタンド

dopravná značka

交通標識

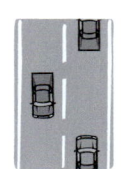

premávka

交通

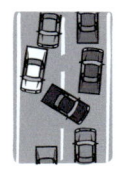

zápcha

渋滞

parkovisko

駐車場

vlaková stanica

駅

trate

道

vlak

列車

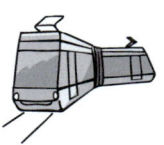

električka

路面電車

vagón

車両

helikoptéra

ヘリコプター

letisko

空港

veža

タワー

pasažier

乗客

kontajner

コンテナ

kartón

段ボール箱

vozík

カート

kôš

カゴ

štartovať / pristáť

離陸 / 着陸

mesto

都市

dedina

村

centrum mesta

都心

dom

家

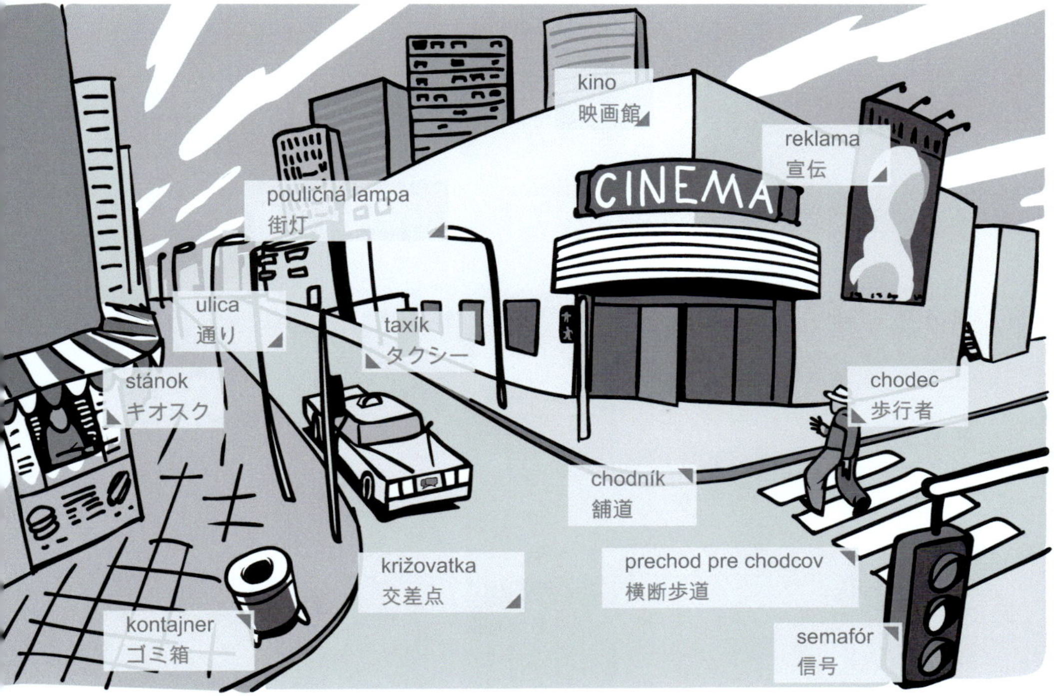

kino
映画館
reklama
宣伝
CINEMA
pouličná lampa
街灯
ulica
通り
taxík
タクシー
stánok
キオスク
chodec
歩行者
chodník
舗道
križovatka
交差点
prechod pre chodcov
横断歩道
kontajner
ゴミ箱
semafór
信号

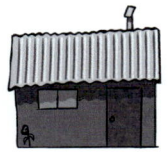

chata

小屋

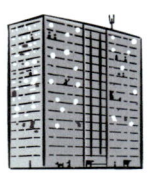

byt

アパート

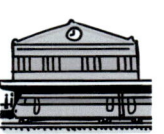

vlaková stanica

駅

radnica

市役所

MUSEUM

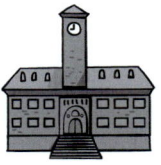

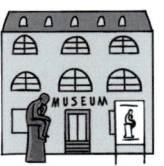

múzeum

美術館

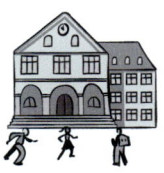

škola

学校

univerzita

大学

banka

銀行

nemocnica

病院

hotel

ホテル

lekáreň

薬局

kancelária

オフィス

kníhkupectvo

書店

obchod

ショップ

kvetinárstvo

花屋

supermarket

スーパーマーケット

trh

市場

obchodný dom

デパート

obchodník s rybami

魚屋

nákupné stredisko

ショッピングセンター

prístav

港

park

公園

lavička

ベンチ

most

橋

schody

階段

metro

地下鉄

tunel

トンネル

autobusová zastávka

バス停

bar

バー

reštaurácia

レストラン

poštová schránka

ポスト

tabuľa s názvom ulice

道路標識

parkovacie hodiny

パーキングメーター

ZOO

動物園

plaváreň

スイミングプール

mešita

モスク

farma

農場

znečisťovanie životného prostredia

汚染

cintorín

墓地

kostol

教会

ihrisko

遊び場

chrám

寺

terén

風景

list
葉

smerová tabuľa
道標

cesta
道

lúka
草地

kameň
石

turista
ハイカー

strom
木

rieka
川

tráva
草

kvet
花

dolina

谷

kopec

山

jazero

湖

les

森

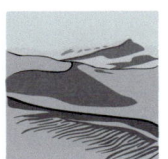

púšť

砂漠

vulkán

火山

zámok

城

dúha

虹

hríb

キノコ

palma

ヤシの木

komár

蚊

mucha

ハエ

mravec

蟻

včela

ミツバチ

pavúk

クモ

terén - 風景

chrobák

カブトムシ

žaba

蛙

veverička

リス

jež

ハリネズミ

zajac

ウサギ

sova

フクロウ

vták

鳥

labuť

白鳥

diviak

雄豚

jeleň

鹿

los

ヘラジカ

hrádza

ダム

veterná turbína

風力タービン

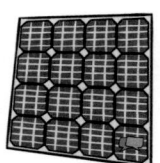

solárny panel

ソーラーパネル

podnebie

気候

čašník
ウエイター

jedálny lístok
メニュー

stolička
椅子

polievka
スープ

pizza
ピザ

príbor
刃物類

obrus
テーブルクロス

predjedlo
前菜

hlavné jedlo
メインコース

zákusok
デザート

nápoje
飲み物

jedlo
食べ物

fľaša
ボトル

fast-food

ファストフード

street food

屋台の食べ物

kanvica na čaj

ティーポット

cukornička

砂糖入れ

porcia

一人前

stroj na espresso

エスプレッソマシン

detská stolička

幼児用食事椅子

účet

請求書

podnos

トレー

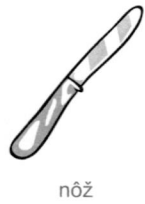

nôž

ナイフ

vidlička

フォーク

lyžica

スプーン

čajová lyžička

ティースプーン

obrúsok

ナプキン

pohár

グラス

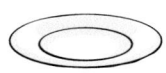

tanier

皿

hlboký tanier

スープ皿

podšálka

受け皿

omáčka

ソース

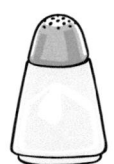

soľnička

塩入れ

mlynček na korenie

ペッパーミル

ocot

酢

olej

油

korenie

スパイス

kečup

ケチャップ

horčica

マスタード

majonéza

マヨネーズ

supermarket
スーパーマーケット

špeciálna ponuka
特価品
FOR
klient
顧客
mliečne výrobky
乳製品
ovocie
果物
nákupný vozík
ショッピング・カート

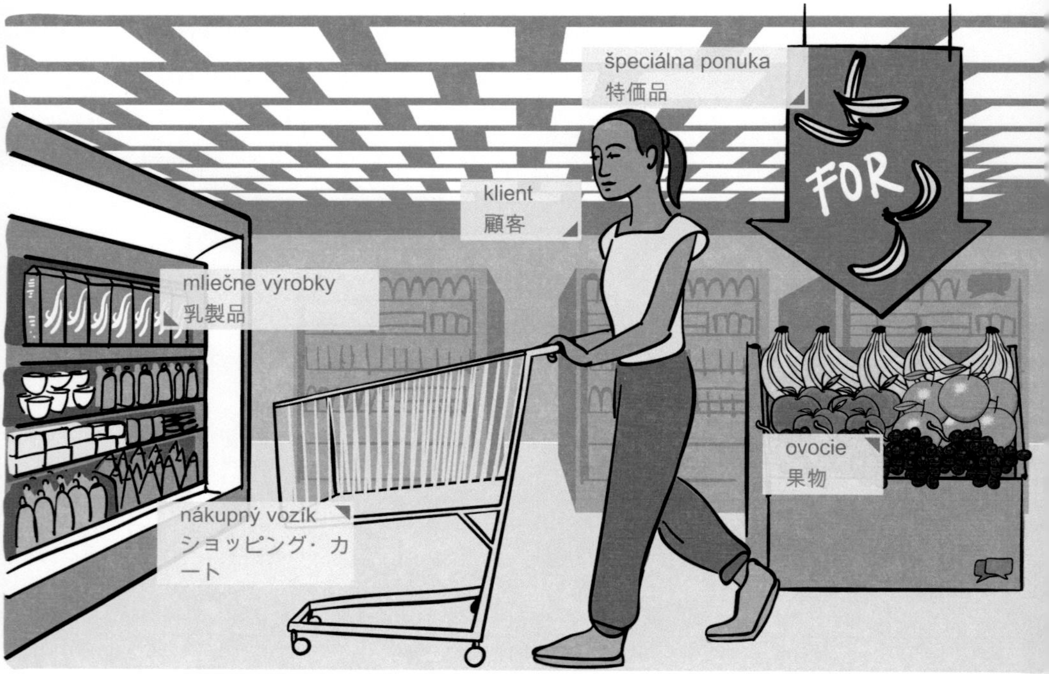

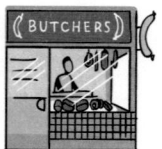

BUTCHERS

mäsiarstvo

肉屋

BAKERY

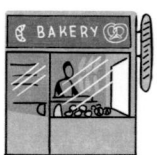

pekáreň

パン屋

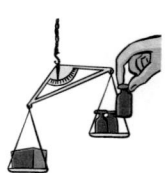

vážiť

重さをはかる

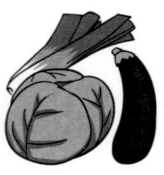

zelenina

野菜

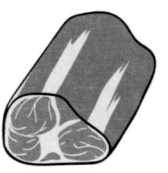

mäso

肉

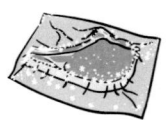

mrazené potraviny

冷凍食品

nárez

冷肉の薄切り

konzervy

缶詰食品

prací prostriedok

洗剤

sladkosti

菓子

domáce potreby

家庭用品

čistiace prostriedky

清掃用品

predavačka

販売員

pokladňa

現金箱

pokladník

レジ係

nákupný zoznam

買い物リスト

otváracie hodiny

開館時刻

peňaženka

財布

kreditná karta

クレジットカード

taška

バッグ

plastové vrecko

ポリ袋

voda

水

džús

ジュース

mlieko

牛乳

kola

コーラ

víno

ワイン

pivo

ビール

alkohol

アルコール

kakao

ココア

čaj

紅茶

káva

コーヒー

espresso

エスプレッソ

kapučíno

カプチーノ

banán

バナナ

jablko

リンゴ

pomaranč

オレンジ

melón

メロン

citrón

レモン

mrkva

ニンジン

cesnak

ニンニク

bambus

竹

cibuľa

玉ねぎ

hríb

キノコ

orechy

ナッツ

rezance

ヌードル

špagety

スパゲッティ

ryža

米

šalát

サラダ

hranolky

フライドポテト

pečené zemiaky

フライドポテト

pizza

ピザ

hamburger

ハンバーガー

obložený chlebík

サンドウィッチ

rezeň

カツレツ

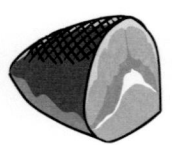

šunka

ハム

saláma

サラミ

klobása

ソーセージ

kurča

鶏肉

pečené mäso

焼き

ryba

魚

ovsené vločky

麦のお粥

müsli

ムーズリ

kukuričné lupienky

コーンフレーク

múka

小麦粉

croissant

クロワッサン

pečivo

ロールパン

chlieb

パン

hrianka

トースト

sušienky

ビスケット

maslo

バター

tvaroh

カッテージチーズ

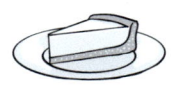

koláč

ケーキ

vajce

卵

volské oko

目玉焼き

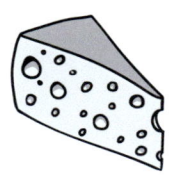

syr

チーズ

zmrzlina

アイスクリーム

cukor

砂糖

med

はちみつ

lekvár

ジャム

nugátová nátierka

ヌガークリーム

karí korenie

カレー

farma
農場

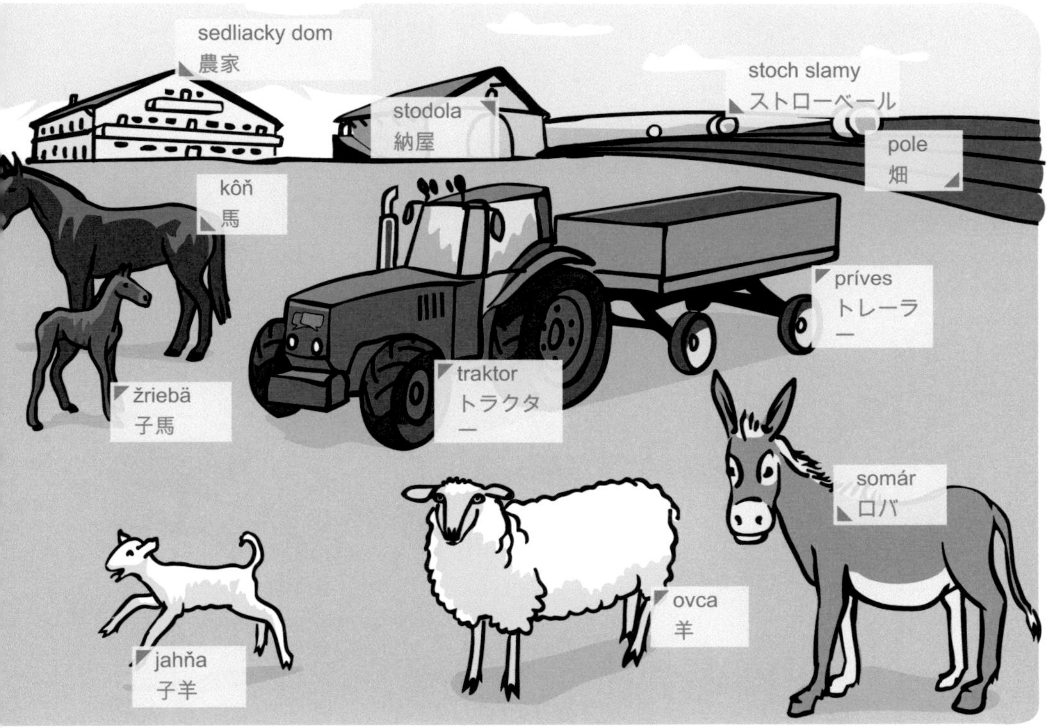
sedliacky dom
農家
stodola
納屋
stoch slamy
ストローベール
pole
畑
kôň
馬
príves
トレーラー
žriebä
子馬
traktor
トラクター
somár
ロバ
ovca
羊
jahňa
子羊

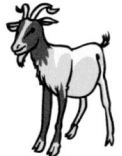

koza
ヤギ

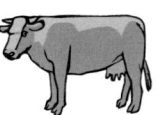

krava
雌牛

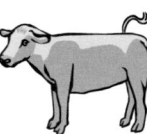

teľa
子牛

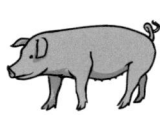

prasa
豚

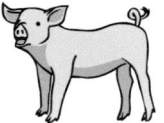

prasiatko
子豚

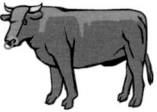

býk
雄牛

hus

ガチョウ

kačica

アヒル

kuriatko

ひよこ

sliepka

にわとり

kohút

おんどり

potkan

ネズミ

mačka

猫

myš

ねずみ

vôl

雄牛

pes

犬

psia búda

犬小屋

záhradná hadica

散水ホース

krhla

じょうろ

kosa

大鎌

pluh

すき

kosák

草刈り鎌

motyka

くわ

vidly na hnoj

堆肥用フォーク

sekera

斧

fúrik

手押し車

koryto

かいばおけ

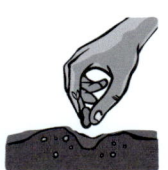

kanva na mlieko

牛乳缶

vrece

袋

plot

フェンス

maštaľ

畜舎

skleník

温室

pôda

土壌

osivo

種

hnojivo

肥料

kombajn

コンバイン

žať
収穫する

žatva
収穫

batát
ヤマイモ

pšenica
小麦

sója
大豆

zemiak
じゃがいも

kukurica
トウモロコシ

repka
菜種

ovocný strom
果樹

maniok
キャッサバ

obilie
穀物

家

komín
煙突

strecha
屋根

dažďový odkvap
排水管

okno
窓

garáž
車庫

zvonček
呼び鈴

dvere
ドア

odpadkový kôš
ゴミ箱

poštová schránka
郵便受け

záhrada
庭

obývačka

リビングルーム

kúpeľňa

浴室

kuchyňa

台所

spálňa

寝室

detská izba

子供部屋

jedáleň

ダイニング・ルーム

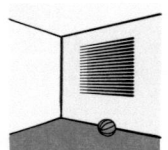

podlaha

床

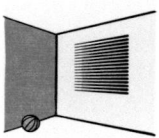

stena

壁

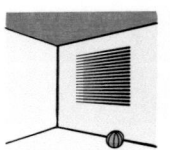

strop

天井

pivnica

地下貯蔵庫

sauna

サウナ

balkón

バルコニー

terasa

テラス

bazén

プール

kosačka

芝刈り機

obliečka

シーツ

posteľná prikrývka

ベッドカバー

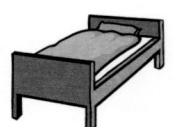

posteľ

ベッド

metla

ほうき

vedro

バケツ

vypínač

スイッチ

obývačka

リビングルーム

tapeta
壁紙
obraz
絵
lampa
ランプ
regál
棚
skriňa
食器棚
televízor
テレビ
kozub
暖炉
kvet
花
vankúš
クッション
pohovka
ソファ
váza
花瓶
diaľkové ovládanie
リモコン

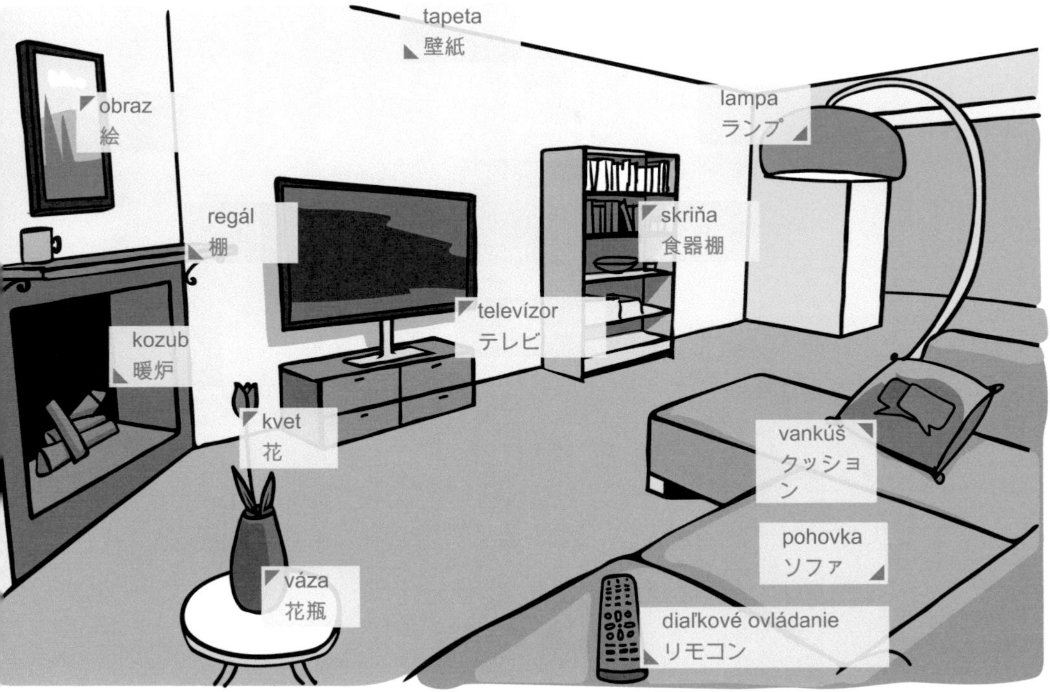

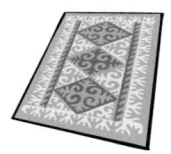

koberec

カーペット

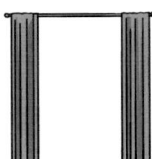

záclona

カーテン

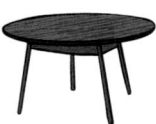

stôl

テーブル

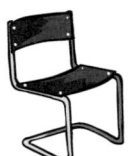

stolička

椅子

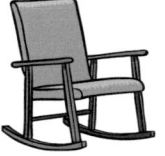

hojdacie kreslo

ロッキングチェア

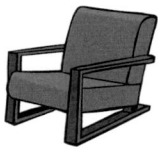

kreslo

ひじ掛け椅子

kniha

本

prikrývka

毛布

dekorácia

飾り

drevo na kúrenie

たきぎ

film

映画

hi-fi veža

ステレオ

kľúč

鍵

noviny

新聞

maľba

絵画

plagát

ポスター

rádio

ラジオ

zápisník

メモ帳

vysávač

掃除機

kaktus

サボテン

sviečka

ろうそく

kuchyňa
台所

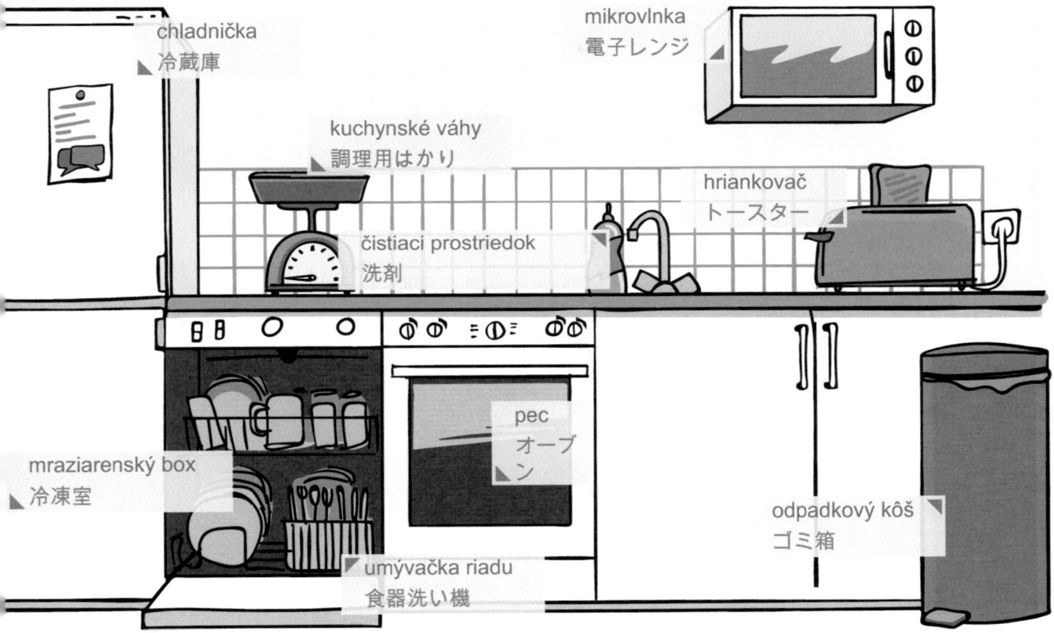

chladnička
冷蔵庫
mikrovlnka
電子レンジ
kuchynské váhy
調理用はかり
hriankovač
トースター
čistiaci prostriedok
洗剤
pec
オーブン
mraziarenský box
冷凍室
odpadkový kôš
ゴミ箱
umývačka riadu
食器洗い機

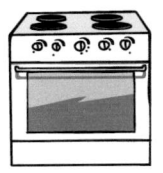

sporák

こんろ

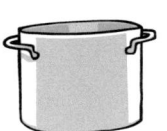

hrniec

鍋

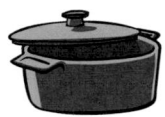

železný hrniec

鉄鍋

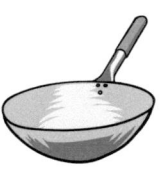

wok / kadai

中華鍋/ カダイ鍋

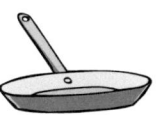

panvica

フライパン

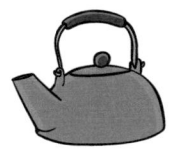

rýchlovarná kanvica

やかん

parný hrniec

蒸し器

plech na pečenie

天板

riad

食器

pohár

マグカップ

misa

ボウル

paličky

箸

naberačka na polievku

おたま

stierka

へら

metlička

泡立て器

cedidlo

こし器

sitko

ふるい

strúhadlo

すりおろし器

mažiar

すり鉢

gril

バーベキュー

ohnisko

かまど

doska na krájanie

まな板

valček na cesto

麺棒

vývrtka

栓抜き

konzerva

缶

otvárač na konzervy

缶切り

chňapka

鍋つかみ

výlevka

流し

kefa

ブラシ

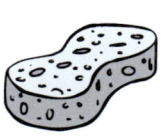

hubka

スポンジ

mixér

ミキサー

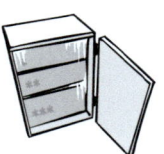

mraznička

冷凍庫

kojenecká fľaša

哺乳瓶

vodovodný kohútik

蛇口

kúpeľňa

浴室

kúrenie
ヒーター
sprcha
シャワー
uterák
タオル
sprchový záves
シャワーカーテン
pena do kúpeľa
泡風呂
vaňa
浴槽
pohár
グラス
práčka
洗濯機
vodovodný kohútik
蛇口
dlaždice
タイル
nočník
おまる
výlevka
流し

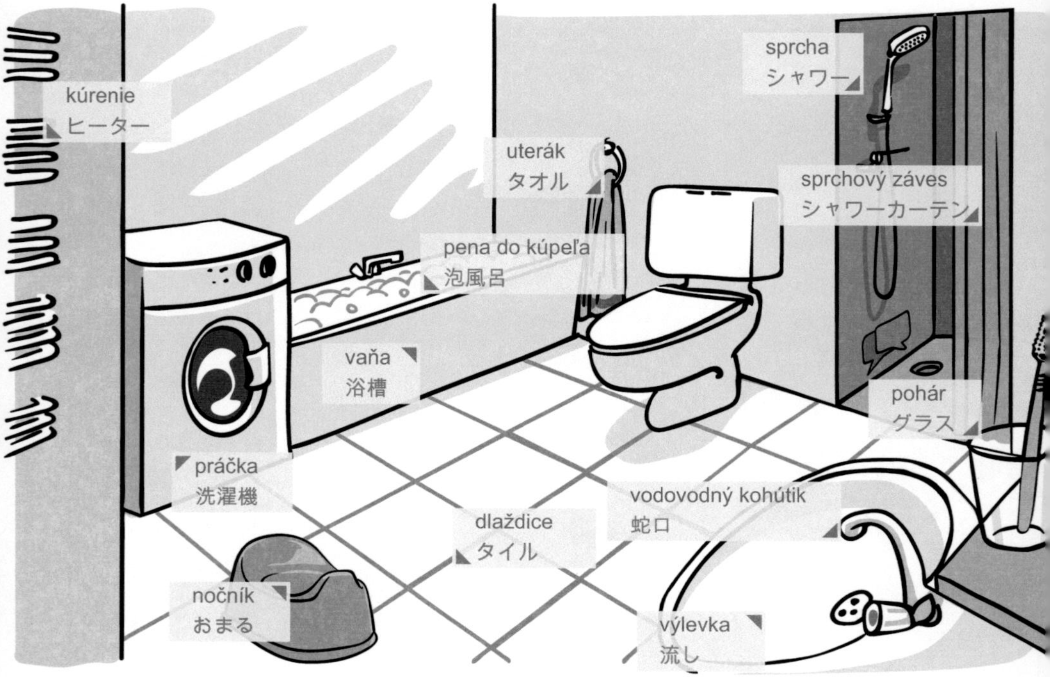

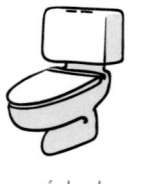

záchod

トイレ

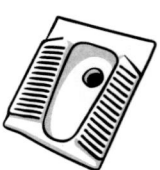

suchý záchod

和式トイレ

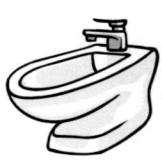

bidet

ビデ

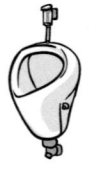

pisoár

小便器

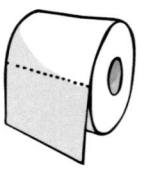

toaletný papier

トイレットペーパー

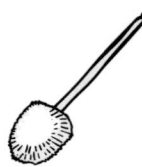

záchodová kefa

トイレブラシ

zubná kefka

歯ブラシ

zubná pasta

歯みがき

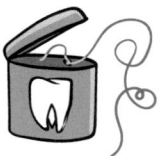

dentálna niť

デンタルフロス

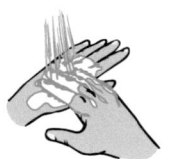

umývať

洗う

ručná sprcha

シャワーヘッド

sprcha pre intímnu hygienu

ハンドビデ

umývadlo

洗面台

kefa na chrbát

ボディブラシ

mydlo

石鹸

sprchový gél

シャワー用ジェル

šampón

シャンプー

frotírová rukavica

浴用タオル

odtok

排水口

krém

クリーム

dezodorant

消臭

zrkadlo

鏡

kozmetické zrkadlo

手鏡

žiletka

かみそり

pena na holenie

シェービング・フォーム

voda po holení

アフターシェーブローション

hrebeň

櫛

kefa

ブラシ

sušič vlasov

ドライヤー

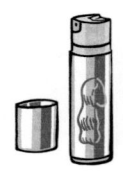

sprej na vlasy

ヘアスプレー

make-up

化粧

rúž

口紅

lak na nechty

マニキュア

vata

脱脂綿

nožnice na nechty

爪切り

parfum

香水

kozmetická taška

洗面用具入れ

stolček

スツール

váha

体重計

kúpací plášť

バスローブ

gumové rukavice

ゴム手袋

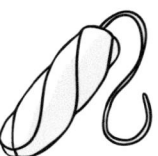

tampón

タンポン

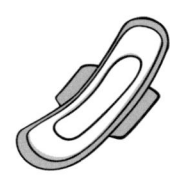

menštruačná vložka

生理用ナプキン

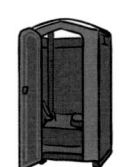

chemické WC

ケミカルトイレ

detská izba

子供部屋

budík
目覚まし時計
plyšová hračka
ぬいぐるみ
hračkárske auto
おもちゃの自動車
hrkálka
がらがら
domček pre bábiky
ドール· ハウス
dar
プレゼント

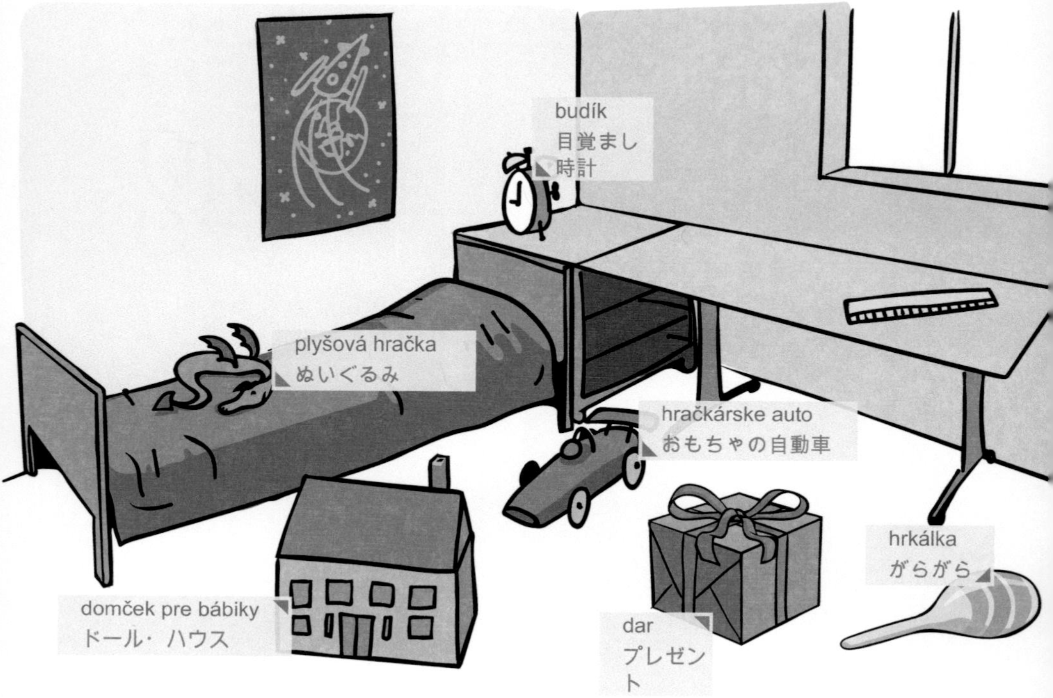

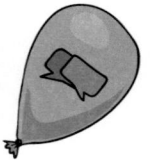

balón
風船

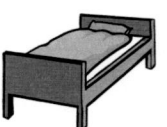

posteľ
ベッド

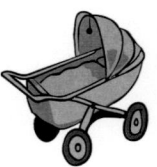

detský kočík
ベビーカー

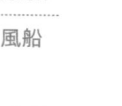

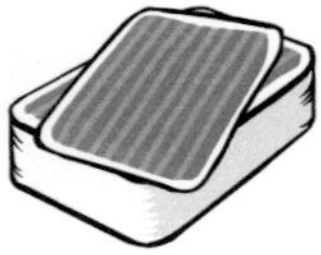

karty
カードゲーム

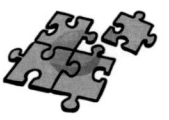

puzzle
ジグソーパズル

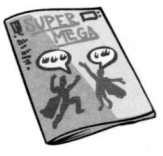

komix
漫画

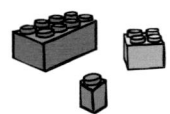

skladačka lego

レゴ

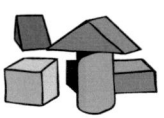

stavebnica

玩具ブロック

akčná postavička

アクションフィギュア

dupačky

ロンパース

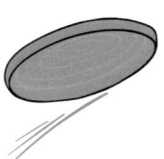

lietajúci tanier

フリスビー

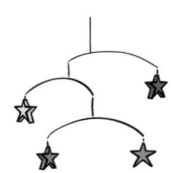

závesné hračky

モバイル

stolová hra

ボードゲーム

kocka

さいころ

modelový vláčik

鉄道模型

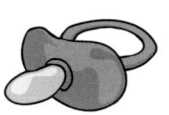

cumlík

おしゃぶり

párty

パーティー

obrázková kniha

絵本

lopta

ボール

bábika

人形

hrať sa

遊ぶ

pieskovisko

砂場

hojdačka

ブランコ

hračky

おもちゃ

hracia konzola

ゲーム機

trojkolka

三輪車

medvedík

テディベア

šatník

衣装ダンス

šatstvo

衣服

ponožky

靴下

pančuchy

ストッキング

pančuchové nohavičky

タイツ

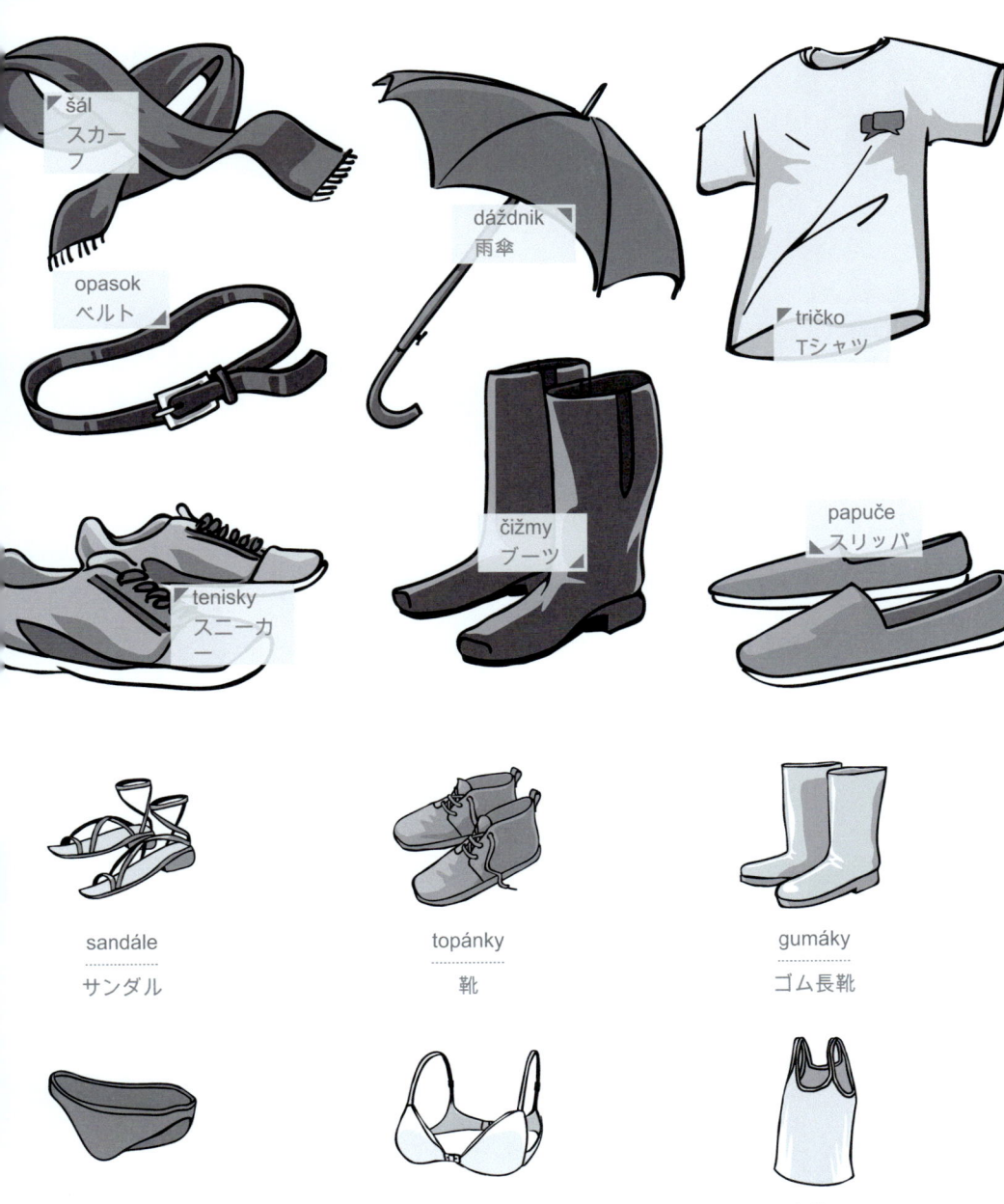

šál
スカーフ

dáždnik
雨傘

tričko
Tシャツ

opasok
ベルト

čižmy
ブーツ

papuče
スリッパ

tenisky
スニーカー

sandále

サンダル

topánky

靴

gumáky

ゴム長靴

spodky

パンツ

podprsenka

ブラ

tielko

ベスト

šatstvo - 衣服

body

ボディースーツ

nohavice

ズボン

džínsy

ジーンズ

sukňa

スカート

blúzka

ブラウス

košeľa

シャツ

pulóver

セーター

sveter

パーカー

blejzer

ブレザー

bunda

ジャケット

kabát

コート

pršiplášť

レインコート

kostým

服装

šaty

ドレス

svadobné šaty

ウェディングドレス

šatstvo - 衣服

oblek

スーツ

nočná košeľa

ナイトガウン

pyžamo

パジャマ

sari

サリー

šatka na hlavu

ヘッドスカーフ

turban

ターバン

burka

ブルカ

kaftan

カフタン

abaja

アバヤ

dvojdielne plavky

水着

plavky

トランクス

šortky

半ズボン

tepláková súprava

スウェットスーツ

zástera

エプロン

rukavice

手袋

gombík

ボタン

okuliare

メガネ

náramok

ブレスレット

retiazka

ネックレス

prsteň

指輪

náušnica

イヤリング

čiapka

帽子

vešiak

ハンガー

klobúk

帽子

kravata

ネクタイ

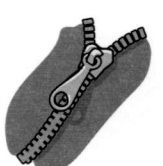

zips

ファスナー

prilba

ヘルメット

traky

サスペンダー

školská uniforma

制服

uniforma

ユニフォーム

podbradník

よだれかけ

cumlík

おしゃぶり

plienka

おむつ

kancelária
オフィス

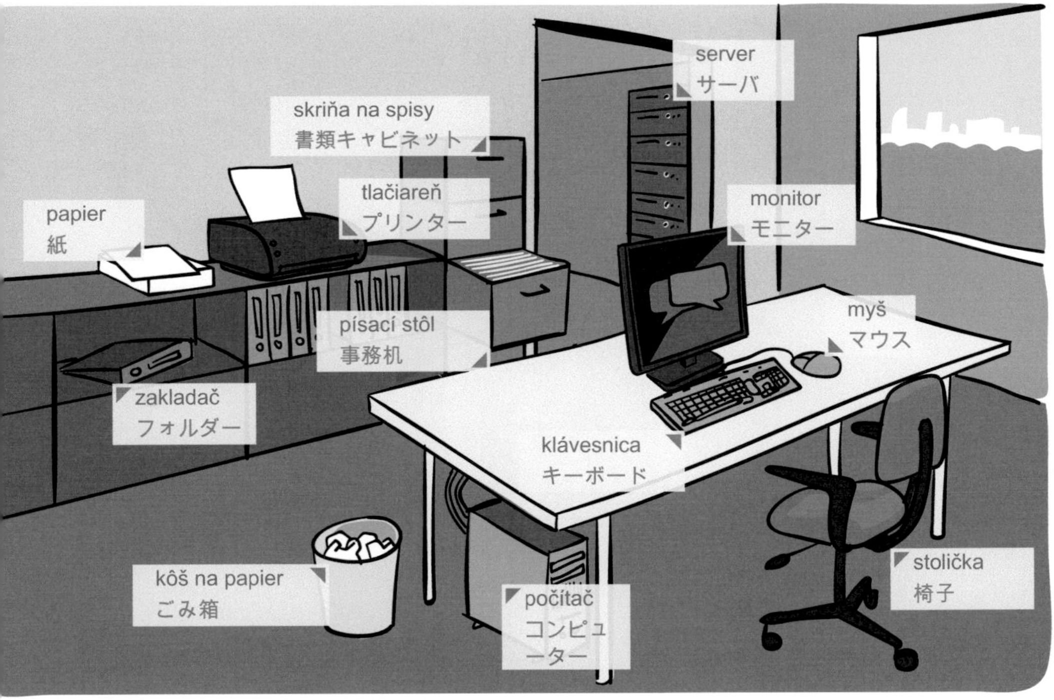

server
サーバ

skriňa na spisy
書類キャビネット

tlačiareň
プリンター

monitor
モニター

papier
紙

písací stôl
事務机

myš
マウス

zakladač
フォルダー

klávesnica
キーボード

kôš na papier
ごみ箱

počítač
コンピューター

stolička
椅子

hrnček na kávu

コーヒーマグ

kalkulačka

計算機

internet

インターネット

laptop

ラップトップ

list

手紙

správa

メッセージ

mobil

携帯電話

sieť

ネットワーク

kopírka

コピー機

softvér

ソフトウェア

telefón

電話

elektrická zásuvka

コンセント

fax

ファックス

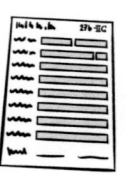

formulár

フォーム

doklad

書類

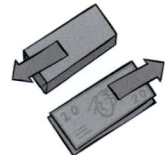

kúpiť

買う

platiť

支払う

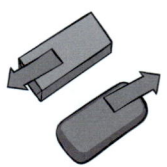

obchodovať

取引する

peniaze

お金

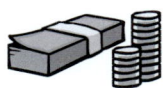

dolár

ドル

euro

ユーロ

jen

円

rubeľ

ルーブル

švajčiarsky frank

スイスフラン

čínsky jüan

人民元

rupia

ルピー

bankomat

キャッシュポイント

zmenáreň

両替所

zlato

金

striebro

銀

ropa

油

energia

エネルギー

cena

価格

zmluva

契約

daň

税金

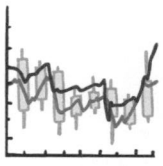

akcia

株

pracovať

働く

zamestnanec

従業員

zamestnávateľ

雇用主

továreň

工場

obchod

ショップ

povolania
職業

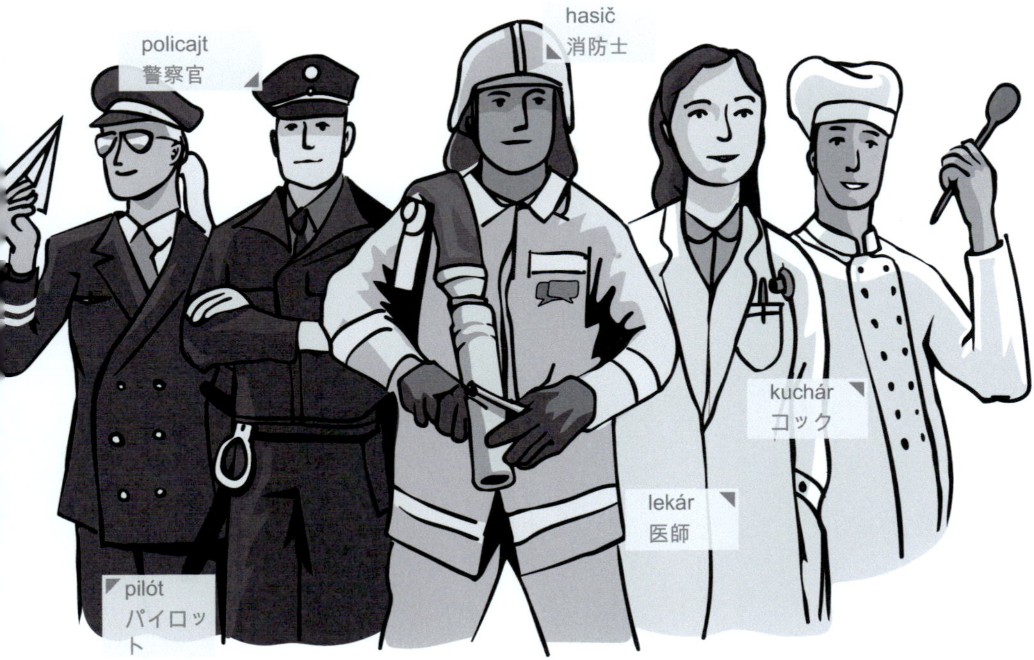

policajt
警察官
hasič
消防士
kuchár
コック
lekár
医師
pilót
パイロット

záhradník

庭師

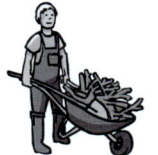

stolár

大工

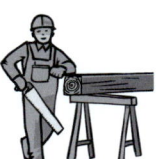

krajčírka

お針子

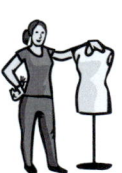

sudca

裁判官

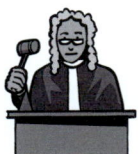

chemik

化学者

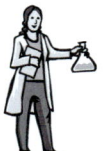

herec

俳優

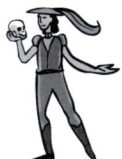

vodič autobusu

バスの運転手

taxikár

タクシー運転手

rybár

漁師

upratovačka

掃除婦

pokrývač

屋根ふき職人

čašník

ウェイター

poľovník

ハンター

maliar

塗装工

pekár

パン屋

elektrikár

電気工

stavebný robotník

建設作業員

inžinier

エンジニア

mäsiar

肉屋

klampiar

配管工

poštár

郵便配達人

vojak

軍人

architekt

建築家

pokladník

レジ係

kvetinár

花屋

kaderník

美容師

sprievodca

車掌

mechanik

機械工

kapitán

キャプテン

zubár

歯科医

vedec

科学者

rabín

ラビ

imám

イスラム導師

mních

修道士

farár

牧師

náradie
道具

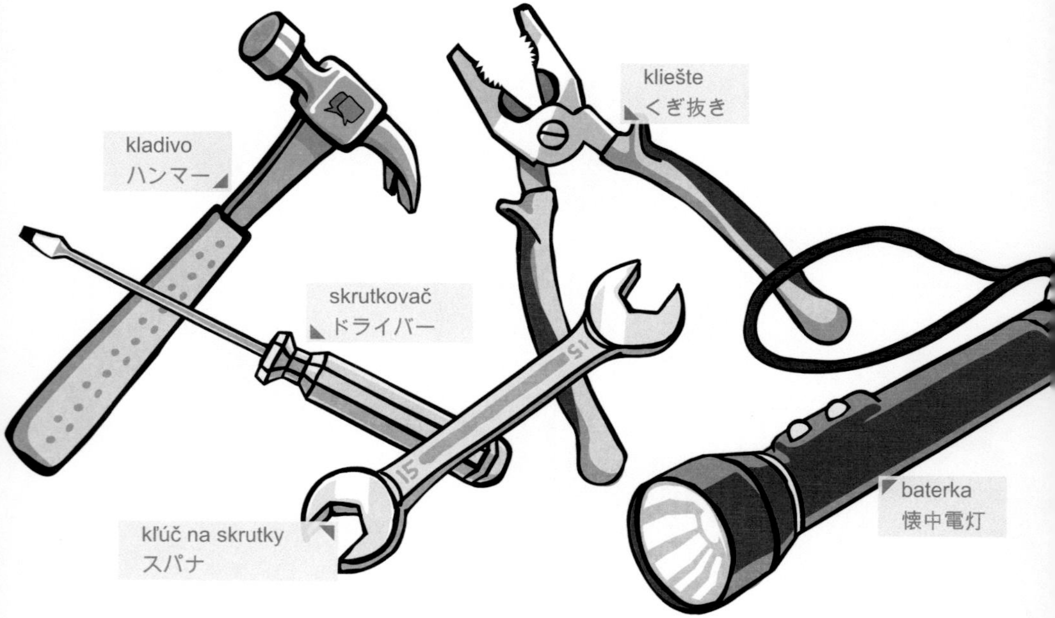
kladivo
ハンマー
kliešte
くぎ抜き
skrutkovač
ドライバー
kľúč na skrutky
スパナ
baterka
懐中電灯

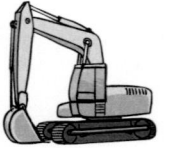

bager
掘削機

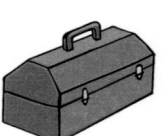

súprava náradia
道具箱

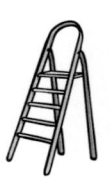

rebrík
はしご

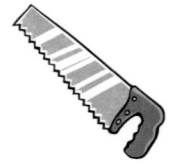

pílka
のこぎり

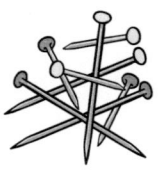

klince
釘

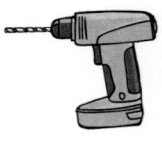

vrták
ドリル

opraviť

修理する

lopata

シャベル

Do čerta!

クソ！

lopatka na smeti

ちりとり

nádoba s farbou

ペンキ缶

skrutky

ネジ

hudobné nástroje
楽器

reproduktor
スピーカー

bicie
打楽器

gitara
ギター

▼ kontrabas
コントラバス

trúbka
トランペット

klavír

ピアノ

husle

バイオリン

basa

バス

tympany

ティンパニ

bubon

ドラム

klávesnica

キーボード

saxofón

サックス

flauta

フルート

mikrofón

マイクロフォン

hudobné nástroje - 楽器

ZOO
動物園

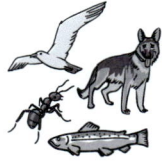

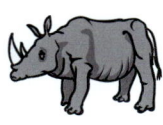

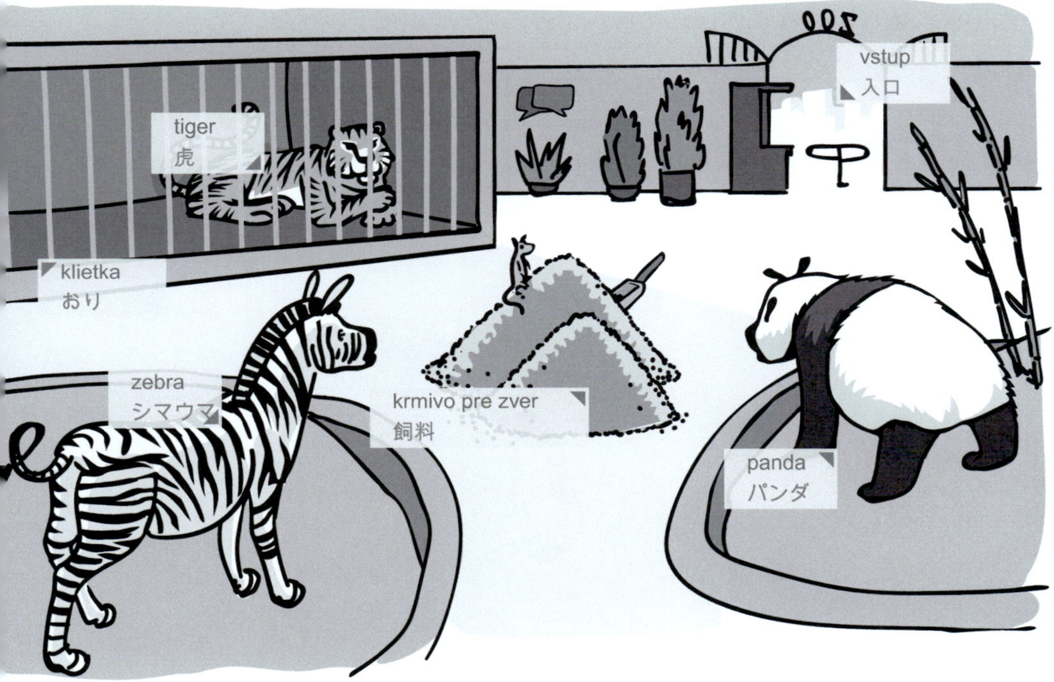

vstup
入口
tiger
虎
klietka
おり
zebra
シマウマ
krmivo pre zver
飼料
panda
パンダ

zvieratá

動物

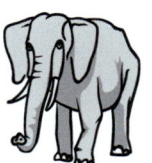

slon

象

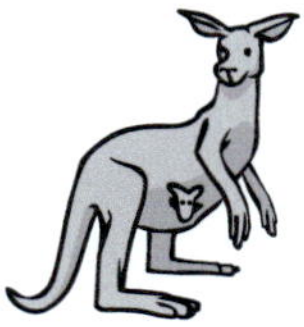

klokan

カンガルー

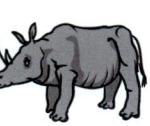

nosorožec

サイ

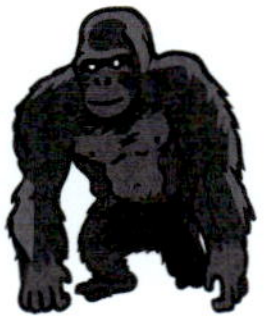

gorila

ゴリラ

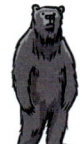

medveď

熊

ťava

ラクダ

pštros

ダチョウ

lev

ライオン

opica

猿

plameniak

フラミンゴ

papagáj

オウム

ľadový medveď

白クマ

tučniak

ペンギン

žralok

サメ

páv

クジャク

had

蛇

krokodíl

ワニ

ošetrovateľ v ZOO

飼育係

tuleň

アザラシ

jaguár

ジャガー

poník

ポニー

leopard

ヒョウ

hroch

カバ

žirafa

キリン

orol

鷲

diviak

雄豚

ryba

魚

korytnačka

亀

mrož

セイウチ

líška

狐

gazela

ガゼル

americký futbal
アメフト

cyklistika
サイクリング

tenis
テニス

basketbal
バスケットボール

plávanie
水泳

box
ボクシング

hokej
アイスホッケー

futbal

サッカー

bedminton

バドミントン

ľahká atletika

陸上競技

hádzaná

ハンドボール

lyžovanie

スキー

pólo

ポロ

skočiť
跳ぶ

smiať sa
笑う

objať
抱きしめる

chodiť
歩く

spievať
歌う

snívať
夢見る

modliť sa
祈る

pobozkať
キス

písať

書く

kresliť

描く

ukázať

示す

tlačiť

押す

dať

与える

brať

取る

mať
持っている

robiť
する

byť
ある

stáť
立つ

bežať
走る

ťahať
引く

hádzať
投げる

padnúť
落ちる

ležať
横たわっている

čakať
待つ

nosiť
運ぶ

sedieť
座る

obliecť sa
着る

spať
眠る

zobudiť sa
目が覚める

pozerať

見る

plakať

泣く

hladkať

なでる

česať

櫛ですく

hovoriť

話す

rozumieť

理解する

pýtať sa

質問する

počuť

聞く

piť

飲む

jesť

食べる

upratať

片づける

milovať

愛する

variť

料理する

jazdiť

運転する

letieť

飛ぶ

plachtiť

ヨットに乗る

počítať

計算する

čítať

読む

učiť sa

学ぶ

pracovať

働く

oženiť

結婚する

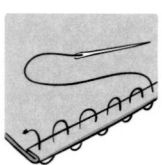

šiť

縫う

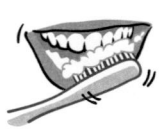

čistiť zuby

歯を磨く

zabiť

殺す

fajčiť

喫煙する

poslať

送る

rodina
家族

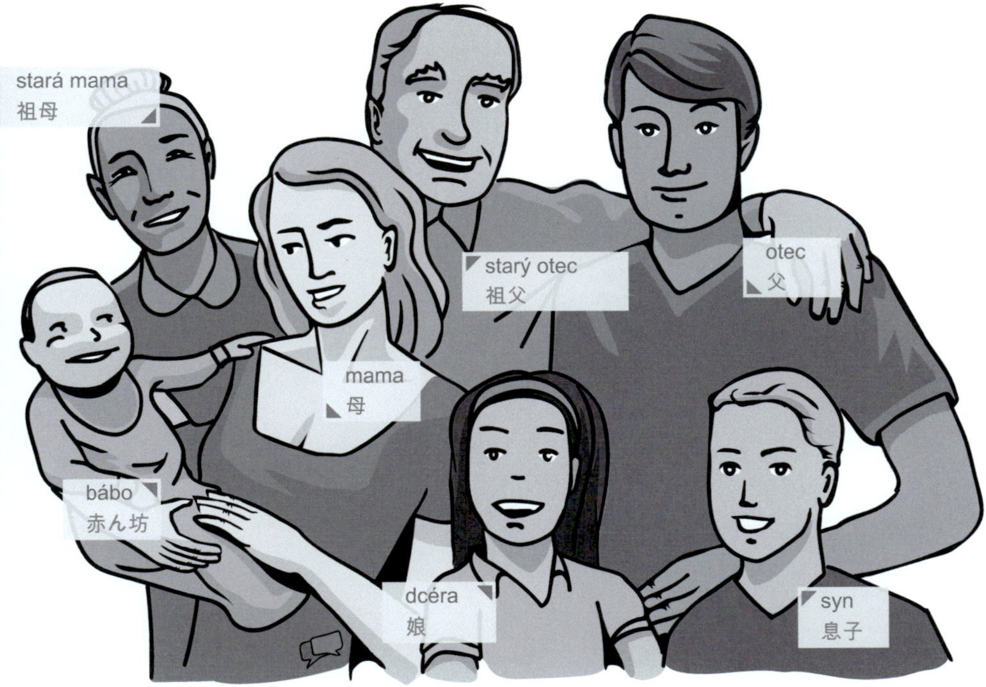

stará mama
祖母
starý otec
祖父
otec
父
mama
母
bábo
赤ん坊
dcéra
娘
syn
息子

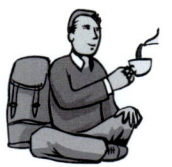

hosť

お客様

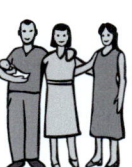

teta

おば

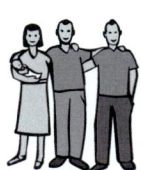

strýko

おじ

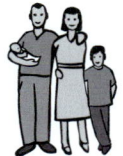

brat

兄弟

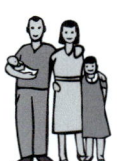

sestra

姉妹

telo
体

čelo
ひたい
oko
目
plece
肩
prst
指
tvár
顔
brada
あご
ruka
手
hruď
胸
noha
脚
rameno
腕

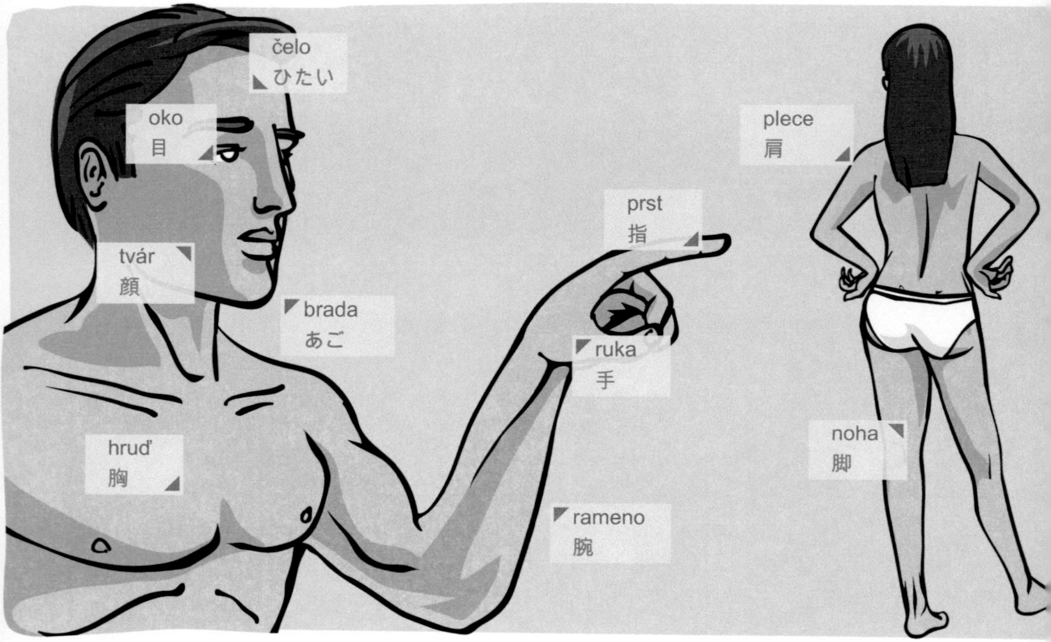

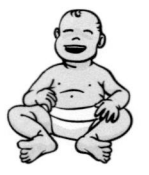

bábo
赤ん坊

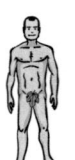

muž
男性

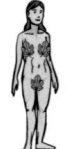

žena
女性

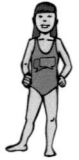

dievča
少女

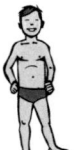

chlapec
少年

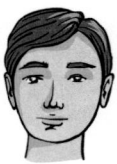

hlava
頭

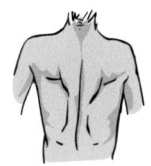

chrbát

背中

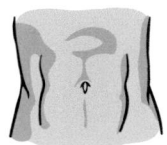

brucho

腹

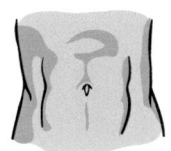

pupok

へそ

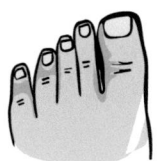

prst na nohe

足指

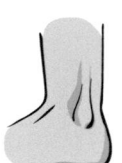

päta

かかと

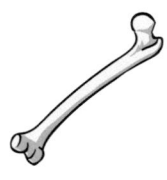

kosť

骨

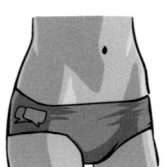

bok

腰

koleno

ひざ

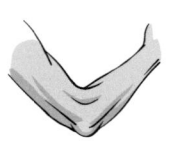

lakeť

ひじ

nos

鼻

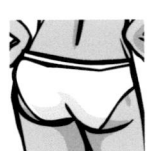

zadok

尻

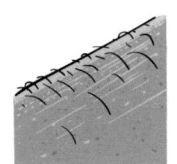

koža

皮膚

líce

頬

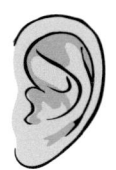

ucho

耳

pery

唇

ústa

口

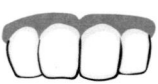

zub

歯

jazyk

舌

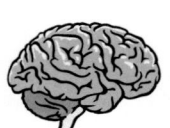

mozog

脳

srdce

心臓

svaly

筋肉

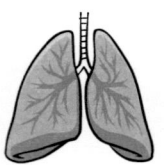

pľúca

肺

pečeň

肝臓

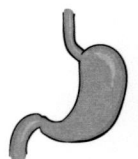

žalúdok

胃

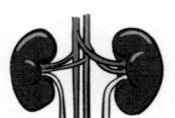

obličky

腎臓

pohlavný styk

セックス

kondóm

コンドーム

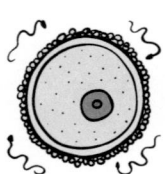

vaječná bunka

卵細胞

semeno

精液

tehotenstvo

妊娠

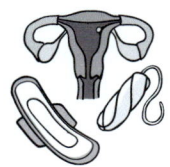

menštruácia

月経

vagína

膣

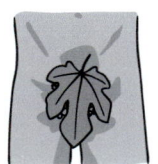

penis

ペニス

obočie

眉

vlasy

髪

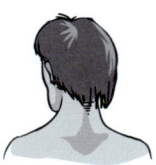

krk

首

nemocnica

病院

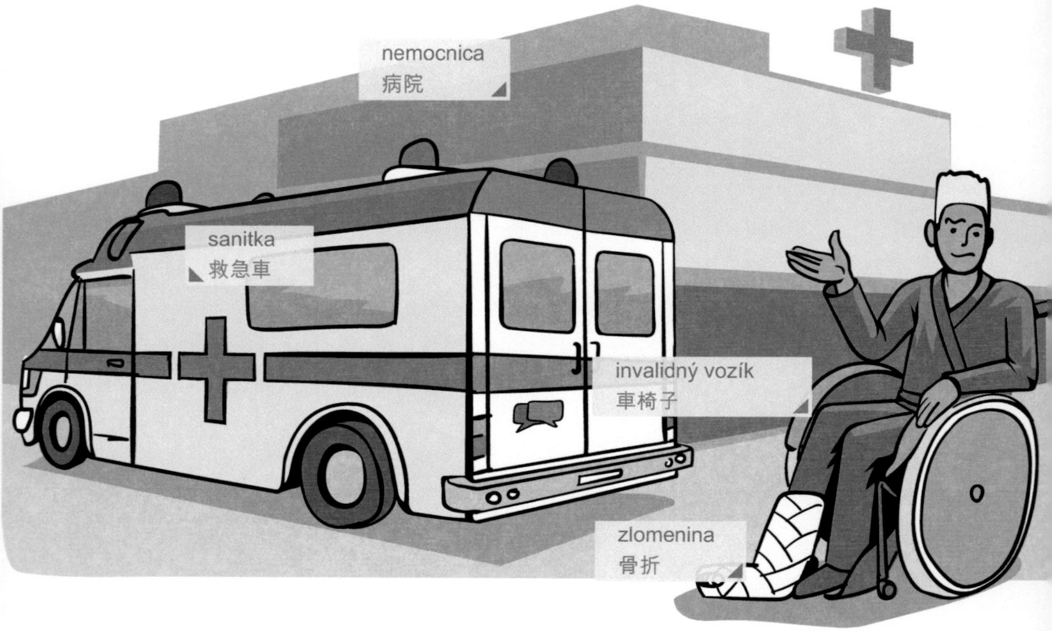

nemocnica
病院
sanitka
救急車
invalidný vozík
車椅子
zlomenina
骨折

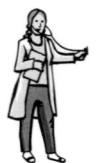

lekár

医師

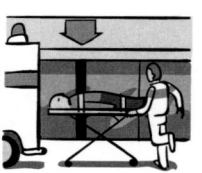

urgentný príjem

救急治療室

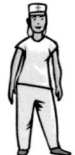

sestrička

看護師

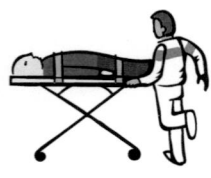

urgentný prípad

救急

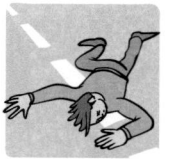

v bezvedomí

失神

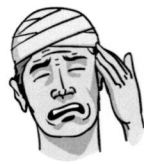

bolesť

痛み

zranenie

けが

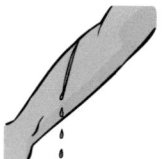

krvácanie

出血

srdcový infarkt

心臓発作

mozgová porážka

脳卒中

alergia

アレルギー

kašeľ

咳

teplota

熱

chrípka

インフルエンザ

hnačka

下痢

bolesť hlavy

頭痛

rakovina

癌

cukrovka

糖尿病

chirurg

外科医

skalpel

外科用メス

operácia

手術

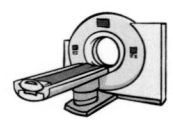

CT

CT

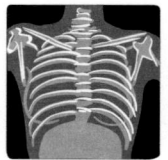

RTG

レントゲン

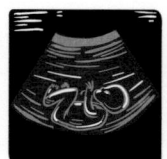

ultrazvuk

超音波

maska

マスク

choroba

病気

čakáreň

待合室

barla

松葉づえ

náplasť

ばんそうこう

obväz

包帯

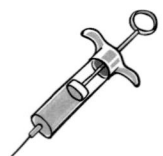

injekcia

注射

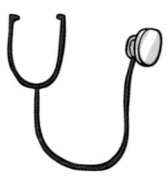

fonendoskop

聴診器

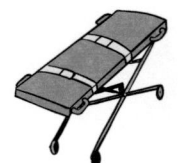

nosidlá

担架

teplomer

体温計

pôrod

出産

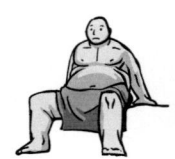

nadváha

肥満

audiofón

補聴器

dezinfekčný prostriedok

消毒剤

infekcia

感染

vírus

ウイルス

HIV / AIDS

HIV / エイズ

medicína

内服薬

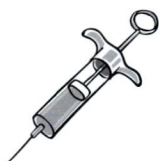

očkovanie

予防接種

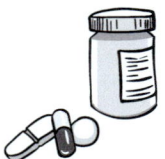

tabletky

錠剤

antikoncepčná pilulka

ピル

tiesňové volanie

緊急電話

tlakomer

血圧計

chorý / zdravý

病気の / 健康な

Pomoc!

助けて！

alarm

アラーム

prepad

暴行

útok

攻撃

nebezpečenstvo

危険

núdzový východ

非常口

Horí!

火事だ！

hasičský prístroj

消火器

nehoda

事故

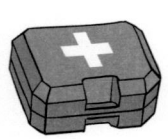

kufrík prvej pomoci

救急箱

SOS

SOS

polícia

警察

Európa

ヨーロッパ

Severná Amerika

北米

Južná Amerika

南米

Afrika

アフリカ

Ázia

アジア

Austrália

オーストラリア

Atlantický oceán

大西洋

Tichý oceán

太平洋

Indický oceán

インド洋

Južný oceán

南極海

Severný ľadový oceán

北極海

Severný pól

北極

Južný pól

南極

Antarktída

南極大陸

Zem

地球

krajina

陸

more

海

ostrov

島

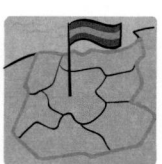

národ

国家

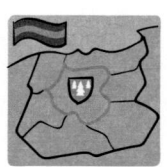

štát

国家

ciferník

文字盤

hodinová ručička

短針

minútová ručička

長針

sekundová ručička

秒針

Koľko je hodín?

何時ですか？

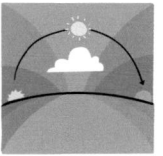

deň

日

čas

時間

teraz

現在

digitálne hodiny

デジタル時計

minúta

分

hodina

時間

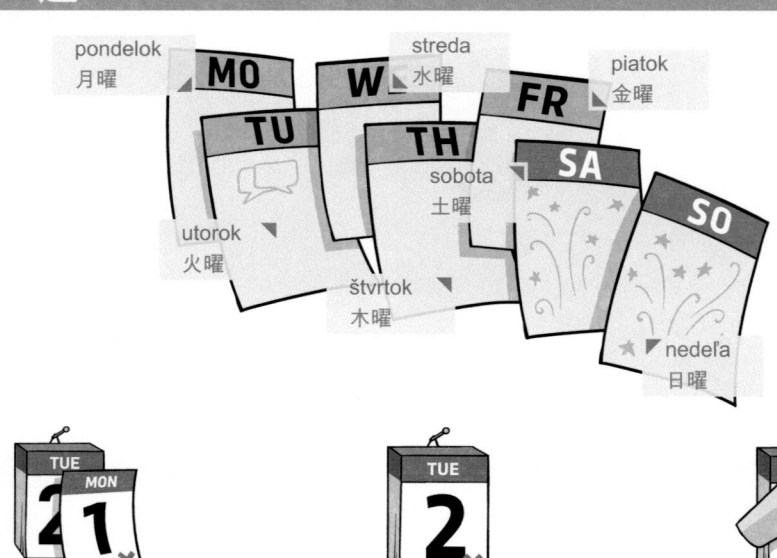

pondelok 月曜 · MO

utorok 火曜 · TU

streda 水曜 · W

štvrtok 木曜 · TH

piatok 金曜 · FR

sobota 土曜 · SA

nedeľa 日曜 · SO

včera	dnes	zajtra
昨日	今日	明日

ráno	poludnie	večer
朝	昼	夜

pracovné dni
営業日

víkend
週末

dážď
雨

dúha
虹

vietor
風

sneh
雪

jar
春

leto
夏

jeseň
秋

zima
冬

predpoveď počasia

天気予報

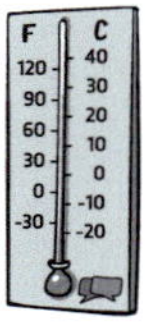

teplomer

温度計

slnečný svit

日差し

oblak

雲

hmla

霧

vlhkosť vzduchu

湿度

blesk

雷

hrom

雷

búrka

嵐

krúpy

ひょう

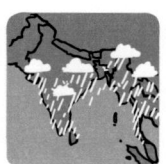

monzún

季節風

záplava

洪水

ľad

氷

január

1月

február

2月

marec

3月

apríl

4月

máj

5月

jún

6月

júl

7月

august

8月

september

9月

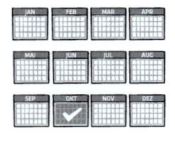

október

10月

november

11月

december

12月

tvary

形

kruh

円

štvorec

正方形

obdĺžnik

長方形

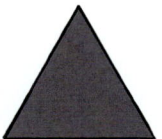

trojuholník

三角

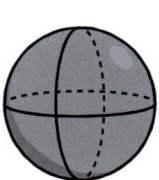

guľa

球

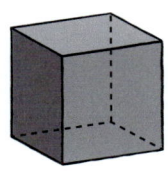

kocka

立方体

biela

白

žltá

黄

oranžová

オレンジ

ružová

ピンク

červená

赤

fialová

紫

modrá

青

zelená

緑

hnedá

茶

šedá

灰色

čierna

黒

veľa / málo

多い ／ 少ない

zúrivý / pokojný

怒っている /
落ち着いている

pekný / škaredý

美しい ／ 醜い

začiatok / koniec

初め ／ 終わり

veľký / malý

大きい ／ 小さい

svetlý / tmavý

明るい ／ 暗い

brat / sestra

兄弟 ／ 姉妹

čistý / špinavý

清潔な / 汚い

úplný / neúplný

完全な ／ 不完全な

deň / noc

日中 ／ 夜

mŕtvy / živý

死んだ ／ 生きている

široký / úzky

幅広い ／ 狭い

chutný / nechutný

食べられる /
食べられない

zlostný / láskavý

悪意のある / 親切な

vzrušený / unudený

興奮している /
退屈している

tlstý / chudý

太った / 痩せた

prvý / posledný

最初に / 最後に

priateľ / nepriateľ

友人 / 敵

plný / prázdny

いっぱいの / 空の

tvrdý / mäkký

硬い / 柔らかい

ťažký / ľahký

重い / 軽い

hlad / smäd

空腹 / 喉の渇き

chorý / zdravý

病気の / 健康な

nelegálny / legálny

違法な / 合法な

inteligentný / hlúpy

賢い / 愚かな

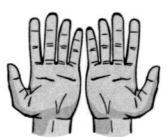

vľavo / vpravo

左に / 右に

blízko / ďaleko

近い / 遠い

nový / použitý

新しい / 中古の

nič / niečo

何もない / 何かある

starý / mladý

老いた / 若い

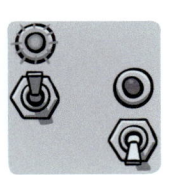

zapnuté / vypnuté

オン / オフ

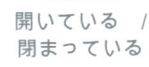

otvorené / zatvorené

開いている /
閉まっている

tichý / hlasný

静かな / うるさい

bohatý / chudobný

裕福な / 貧乏な

správne / nesprávne

正しい / 間違っている

drsný / hladký

粗い / なめらか

smutný / šťastný

悲しい / 幸せな

krátky / dlhý

短い / 長い

pomaly / rýchlo

ゆっくり / 速い

mokrý / suchý

濡れた / 乾いた

teplý / studený

温かい / 冷たい

vojna / mier

戦争 / 平和

0

nula

ゼロ

1

jeden

1

2

dva

2

3

tri

3

4

štyri

4

5

päť

5

6

šesť

6

7

sedem

7

8

osem

8

9

deväť

9

10

desať

10

11

jedenásť

11

12

dvanásť

12

13

trinásť

13

14

štrnásť

14

15

pätnásť

15

16

šestnásť

16

17

sedemnásť

17

18

osemnásť

18

19

devätnásť

19

20

dvadsať

20

100

sto

100

1.000

tisíc

1000

1.000.000

milión

100万

angličtina

英語

americká angličtina

アメリカ英語

mandarínska čínština

中国標準語

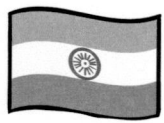

hindčina

ヒンディー語

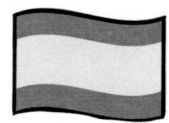

španielčina

スペイン語

francúzština

フランス語

arabčina

アラビア語

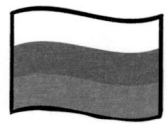

ruština

ロシア語

portugalčina

ポルトガル語

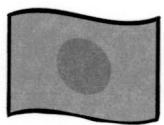

bengálčina

ベンガル語

nemčina

ドイツ語

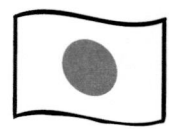

japončina

日本語

ja

私

ty

あなた

on/ona/ono

彼 / 彼女 / それ

my

私たち

vy

あなたたち

oni

彼ら

kto?

誰？

čo?

何？

ako?

どうやって？

kde?

どこ？

kedy?

いつ？

meno

名前

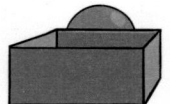

za

後ろ

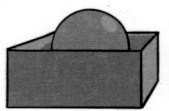

v

中

pred

前

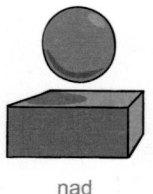

nad

上

na

上

pod

下

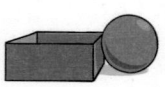

vedľa

横

medzi

間

miesto

場所